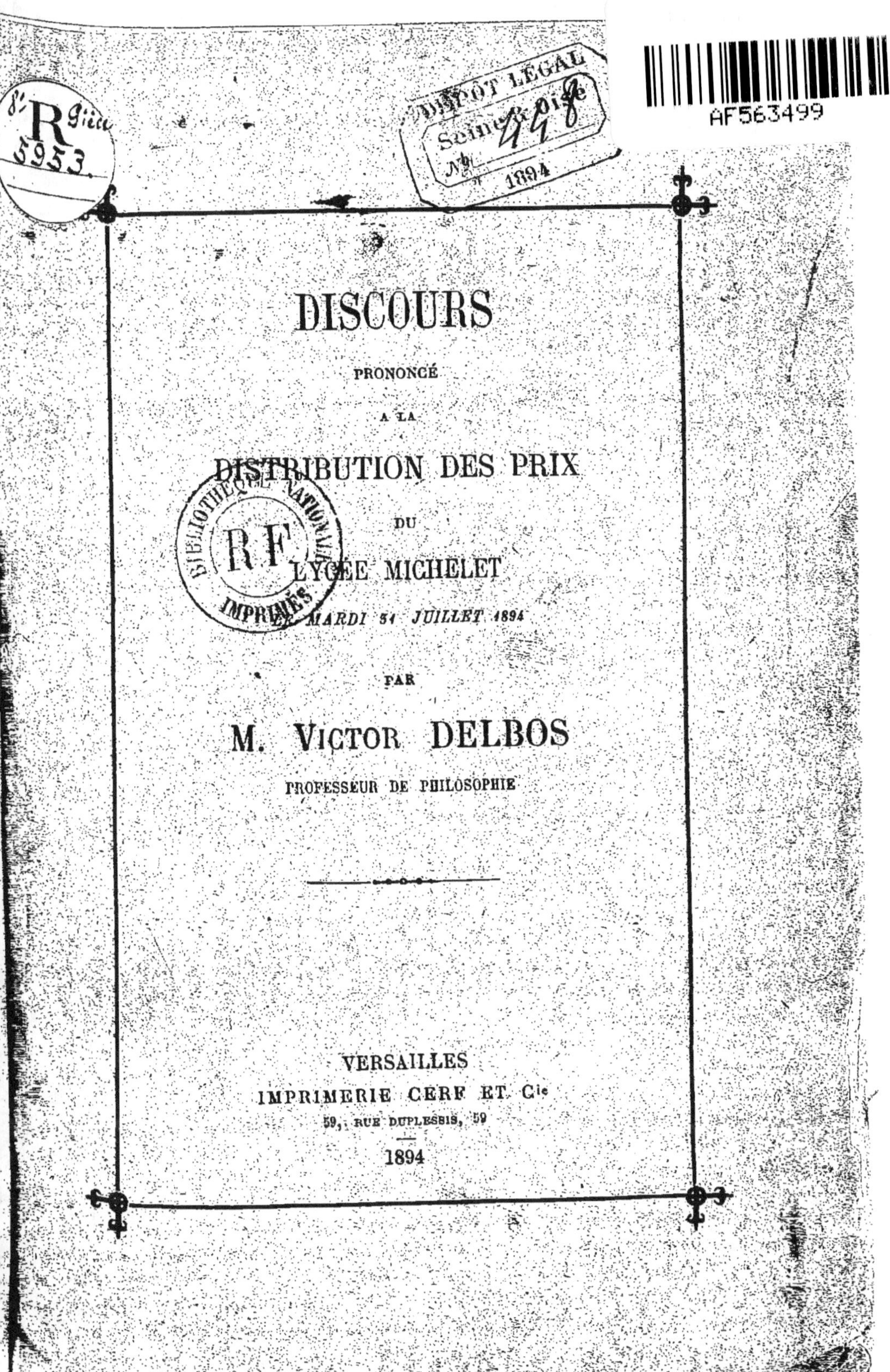



# DISCOURS

PRONONCÉ

A LA

## DISTRIBUTION DES PRIX

DU

## LYCÉE MICHELET

*LE MARDI 31 JUILLET 1894*



PAR

**M. VICTOR DELBOS**

PROFESSEUR DE PHILOSOPHIE

VERSAILLES
IMPRIMERIE CERF ET Cie
59, RUE DUPLESSIS, 59

1894

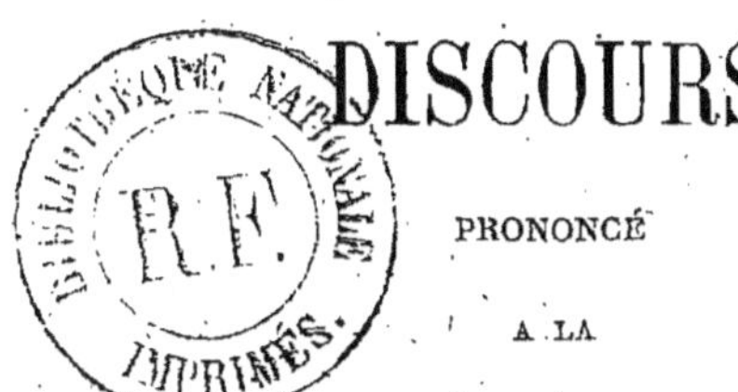


# DISCOURS

PRONONCÉ

A LA

# DISTRIBUTION DES PRIX

DU

LYCÉE MICHELET

*LE MARDI 31 JUILLET 1894*

PAR

M. VICTOR DELBOS

PROFESSEUR DE PHILOSOPHIE

VERSAILLES

IMPRIMERIE CERF ET Cie

59, RUE DUPLESSIS, 59

1894

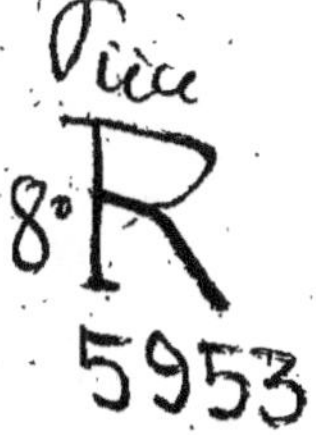

# DISCOURS

**Prononcé à la Distribution des Prix**

DU

LYCÉE MICHELET

*LE 31 JUILLET 1894*

PAR

M. VICTOR DELBOS

**Professeur de Philosophie**

---

Chers Elèves,

Plusieurs d'entre vous connaissent sans doute le passage du *Phèdre*, dans lequel Socrate, entraîné sur les bords de l'Ilissus, parmi des arbres au tronc élancé et à la tête touffue, admire qu'une si charmante retraite, loin de la ville et de la société des hommes, puisse devenir un lieu d'instruction et de discours. Oserai-je dire qu'on éprouve, en venant ici pour la première fois, une impression analogue ? Et cependant, il faut proclamer bien haut que cette maison d'enseignement, où vous vous êtes rassemblés, justifie mieux que toute autre son nom, puisque le *Lycée*, que choisit autrefois Aristote pour y exposer sa doctrine, était un jardin aux longues allées. N'y a-t-il pas d'ailleurs ainsi un heureux accord entre la beauté des objets qui vous entourent et la beauté des sentiments et des pensées dont vous avez à vous remplir l'âme? Toutes ces œuvres d'orateurs et de poètes, que l'on propose à votre goût, doivent vous revêtir l'esprit d'harmonie délicieuse et de grâce paisible ; les sciences même les plus abstraites doivent vous donner le sens de la mesure, et il est bien certain que vos maîtres, disciples directs des pythagoriciens, vous enseignent les nombres surtout pour la proportion qu'il y a en eux et l'élégance de leurs combinaisons. Votre raison aspire naturellement à tout ce qui peut à la fois la composer et l'enchanter, à tout ce qui lui assure une vive et joyeuse possession d'elle-même. Ce qu'il faut d'abord pour elle, c'est qu'elle échappe au tumulte et à la dissonance. C'est donc bien à propos qu'elle s'est réfugiée ici. Les ombrages du parc de Vanves ne sont pas seulement pour elle un abri tranquille et sûr ; ils aident à sa croissance et à sa floraison. Le bruissement discret des rameaux et des feuilles rythme doucement, en même temps que les vers des poètes, votre vie d'écoliers. Ainsi les choses que vous voyez et les choses que vous apprenez s'unissent mystérieusement, animées, à ce qu'il semble, d'un même principe, et comme heureuses de se rencontrer en vous, de s'épanouir ensemble dans vos âmes d'adolescents.

Mais cette beauté, à laquelle tout en ces lieux vous initie, serait véritablement bien vaine, s'il ne devait vous en rester dans la suite qu'une image vaporeuse ou qu'un parfum subtil. Quand nous souhaitons qu'elle entre en vous de toute part, ce n'est pas pour qu'elle soit simplement un rêve dont vous puissiez vous délecter à l'aise, c'est pour qu'elle fasse vivre en vous l'esprit qui l'a produite et qu'elle manifeste, c'est pour qu'embrassée avec ferveur, elle devienne en vous foi agissante et vertu pratique. Le temps, du reste, paraît mal propice à des existences de délicats, complaisamment conçues et soigneusement entretenues comme de légères œuvres d'art. La matière que vous aurez à façonner n'est pas de celles que la seule fantaisie puisse pétrir. Votre tâche sera rude. Songez donc à la grave contradiction qu'il vous faudra résoudre : être des hommes, dans la haute et large acception du mot, c'est-à-dire exprimer pour votre part ces pensées universelles et généreuses qui sont la raison d'être de l'humanité, et cependant, pour jouer activement votre rôle, vous faire les serviteurs d'une œuvre limitée qui retienne et absorbe vos puissances. Pour vous comme pour la société, il faut qu'au sens le plus vif possible des beautés et des vérités générales s'unisse le dévouement le plus complet possible à une fonction spéciale, exactement définie. Comment cette union s'accomplira-t-elle? L'antiquité, vous le savez, avait tellement cru à l'opposition de ces deux sortes d'aptitudes qu'elle les avait attribuées, en les séparant, à deux classes distinctes d'hommes : les uns, soucieux du bien commun en même temps que de leur perfection propre, y concouraient par la libéralité de leurs idées et de leurs sentiments; les autres, exclusivement assujettis aux occupations mécaniques et industrielles, étaient chargés d'assurer l'existence matérielle commune. Mais à partir du moment où, sous l'empire d'une loi d'amour, l'humanité a pris conscience de son unité essentielle, l'esclavage a cessé d'être ; l'obligation du travail précis, de ce travail que l'homme doit accomplir à la sueur de son front, s'est étendue, en s'ennoblissant, à ceux-là mêmes qui l'avaient ignorée, et la vie supérieure a paru consister beaucoup moins dans le loisir de l'intelligence que dans le labeur de la volonté.

Toutefois n'est-il pas vrai que l'homme ne se soumet un instant à cette nécessité que pour mieux s'y soustraire dans l'avenir ? Est-ce que le génie humain ne pourra pas, par un magnifique coup d'audace et une superbe victoire, discipliner une fois pour toutes les forces de la nature et les rendre dociles à nos moindres désirs ? Est-ce qu'il ne restituera pas ainsi à nos facultés intellectuelles et esthétiques leur pleine indépendance ? « Si chaque instrument, dit Aristote, pouvait, sur un ordre reçu ou même deviné, travailler de lui-même, comme les statues de Dédale ou les trépieds de Vulcain, qui se rendaient seuls, selon le poète, aux réunions des dieux, si les navettes tissaient toutes seules, si l'archet jouait tout seul de la cithare, les entrepreneurs se passeraient d'ouvriers et les maîtres d'esclaves. » Il y a eu assurément, à notre époque, bien des âmes candides pour imaginer qu'un tel rêve, traité de chimère par le vieux philosophe, allait prendre corps dans un monde renouvelé. A voir la matière aveugle, domptée de plus en plus par la science, travailler d'elle-même à l'appel de l'esprit invisible, et non pas seulement pour nos besoins, mais encore pour nos caprices, n'est-on pas tenté de se laisser gonfler le cœur des espérances les plus prodigieuses ? Combien, sans doute, éblouis d'un si prestigieux spectacle, n'ont pu se retenir de chanter aux hommes un hymne de délivrance, et de leur crier : « En vérité, vous êtes des dieux ! Au signe le plus imperceptible de votre volonté, les statues de Dédale marcheront d'elles-mêmes ; à vos réunions de bienheureux les trépieds de Vulcain se rendront tout seuls ; les navettes tisseront toutes seules, et l'archet jouera tout seul de la cithare. »

A ce lyrisme exalté de faux prophètes il serait trop facile d'opposer la froide ironie des choses. Ce rêve en apparence grandiose n'est au fond qu'une fiction mesquine, qui enferme dans les plus étroites limites et les besoins de l'âme et la réalité de l'univers. C'est au contraire le propre des solutions humaines, de quelque ordre qu'elles soient, spéculatives ou pratiques, de ne pouvoir jamais marquer le terme de notre effort et de révéler leur fécondité surtout par les problèmes plus compliqués qu'elles suscitent. Il nous semble d'abord, tant notre vue est courte, que l'œuvre qui doit nous libérer définitivement ne peut exiger de nous qu'une dépense limitée d'énergie et d'intelligence : l'œuvre est accomplie ; mieux elle l'est, plus elle nous laisse le sentiment que rien n'est fait, que tout est encore à faire. Il n'y a que les médiocres qui puissent se contenter sans peine, qui puissent jouir en toute sécurité de leur repos et de leur gloire : cette vérité-là a été souvent dite ; et elle ne tient pas seulement à ce que l'idéal est de sa nature inépuisable ; elle tient aussi à ce que le monde où nous vivons n'est pas un petit canton bien circonscrit et bien plat, à ce qu'il a des sommets et des abîmes, à ce qu'il laisse toujours entrevoir aux activités inquiètes et aventureuses des hauteurs et des profondeurs inexplorées.

C'est donc à tout jamais que l'humanité entendra retentir le cri impérieux : Marche ! Marche ! Voilà pourquoi, étant naturellement homme, on ne fera moralement partie de l'humanité qu'en refusant de s'attribuer, alors même qu'il y aurait des privilèges pour le consacrer ou des préjugés pour le tolérer, un droit quelconque à l'oisiveté. C'est d'ailleurs la société elle-même, qui, en vertu de ses conditions d'existence, se chargera de plus en plus de prononcer la déchéance des oisifs. Toute noblesse dans l'histoire est primitivement née de l'accomplissement glorieux d'une fonction socialement utile ; et s'il a pu arriver que la jouissance du titre survécût même au souvenir des services anciennement rendus, de plus en plus certainement l'homme ne vaudra, au regard de la société, que par ce qu'il aura fait personnellement pour elle. Or le seul moyen que vous ayez de conquérir une valeur sociale, c'est de renoncer à la prétention orgueilleuse d'être un monde à vous seuls, c'est, en vous assignant une tâche rigoureusement précise, de vous jeter de plein cœur parmi ceux qui travaillent et produisent, de faire que l'on vous reconnaisse à votre œuvre comme l'on reconnaît l'arbre à ses fruits. Et ne vous dites jamais à vous-mêmes, ne fût-ce que pour ne pas aggraver votre paresse d'un sophisme, ne vous dites jamais que votre œuvre sera nécessairement trop bornée et vraisemblablement trop inefficace pour mériter le consentement actif de votre âme tout entière. La résolution manifeste d'agir, même quand elle n'aboutit pas au résultat poursuivi, est déjà à elle seule un résultat, d'une importance singulière. Elle reste comme un appel à d'autres consciences, qui, plus éclairées, verront mieux, et à d'autres bras, qui, plus solides, feront mieux. C'est de l'activité de l'homme bien plus que de l'activité de la nature qu'il faut affirmer, qu'elle n'est jamais en vain. Car si la nature, par ses productions, peut souvent revendiquer cette gloire extérieure, de réussir, l'homme, par la tension énergique de ses facultés, peut toujours revendiquer cette gloire intérieure, de vouloir. Et c'est le propre de la volonté humaine, que de pouvoir agrandir son œuvre en proportion de la grandeur des pensées qui l'inspirent. A la moindre étincelle que son effort fait jaillir, le plus humble ouvrier a le droit de répéter que la lumière est bonne. N'ayez donc pas de honte à être de robustes, d'infatigables ouvriers. A l'idéalisme abstrait qui se contente de faire évanouir les choses, opposez l'idéalisme vivant qui prétend les conquérir. Laissez tous les raffinés et tous les délicats balbutier leurs chansons dolentes de paralytiques. Montrez-leur par votre exemple la poésie profonde du travail. Qu'est-ce en effet que travailler, sinon se réaliser soi-même, transformer son objet d'après soi, l'arracher à sa force d'inertie pour le rendre mobile et communicable, lui imposer pour le bien des hommes une vertu qu'il n'avait pas par lui-même ? Ceux que l'on appelle parfois dédaigneusement les travailleurs anonymes et obscurs, ce sont précisément ceux qui n'ont pas besoin de signer leurs œuvres ; leurs œuvres, en servant à autrui, retiennent d'eux beaucoup mieux qu'un nom éphémère, illisible demain et inconnu dans la suite ; elles emportent d'eux, elles transmettent après eux une part durable de volonté bienfaisante. Et ajoutez en un autre sens que la poésie la plus haute n'est pas celle qui n'est que facilité ou que jeu ; c'est celle dont la grâce voile le secret effort de l'artiste, dont la spontanéité résume tout un travail souvent prodigieux d'organisation, c'est celle enfin qui s'est sentie féconde et s'est produite elle-même. Ne croyez pas un de nos poètes les plus aimés, qui s'oublie jusqu'à nous dire :

Quand je vous livre mon poème,
Mon cœur ne le reconnaît plus ;
Le meilleur demeure en moi-même ;
Mes vrais vers ne seront pas lus.

Non, non ! Le meilleur du poète, ce n'est pas ce qu'il garde par devers lui, cette forme indistincte de sentiment ou de pensée qu'il prend, faute de l'exprimer, pour un idéal supérieur ; c'est ce qu'il donne de lui-même au dehors en images et en sonorités, ce qui peut être répété par mille bouches et retentir dans mille cœurs. Certes la vraie, la grande poésie est encore, sous l'enveloppe dont elle se recouvre, effort, travail, action.

C'est cela même qui nous rassure sur les conséquences de l'éducation que vous recevez ici. Elle n'est pas, quoi qu'on en ait dit, un prélèvement absurde opéré sur votre activité au profit de l'inutile et de l'utopique. Elle ne vous détourne pas des fins pratiques que vous aurez à poursuivre ; elle vous en découvre au contraire le sens et vous permet d'en mesurer l'importance. Elle n'empêchera pas vos facultés d'être vigoureuses ; seulement elle vous inclinera à voir, par delà ce que vous faites vous-mêmes, ce que font vos semblables et à y sympathiser. Notez en effet que ce qui s'impose aux hommes, ce n'est pas seulement le travail, mais un travail de plus en plus spécial, de plus en plus morcelé. A mesure que la société se développe, elle semble résoudre en une multitude de tâches de plus en plus restreintes l'immense labeur qui la fait vivre. La diversité croissante des fonctions et des métiers pourrait faire que l'homme, assujetti à l'objet qui l'occupe, devînt pour son voisin un étranger ; elle pourait créer une diversité de tendances qui irait jusqu'à l'opposition et à la lutte. Dieu nous garde d'un tel danger, trop certains, cependant, du jour où la loi de la division du travail en serait pas contrebalancée en ses effets extrêmes par quelque communauté de sentiments et de culture. Si la société, comme l'entendent plusieurs, n'était qu'une organisation de forces économiques, ce ne serait pas l'universelle liberté qui aurait prévalu parmi nous, mais l'universel esclavage. Nous ne serions plus vraiment des hommes, mais de simples fractions d'hommes, incapables de se rencontrer sans s'épouvanter, faute de lumière, et sans se menacer, appelant bien vite, pour être mises en accord, le secours extérieur de quelque pouvoir despotique. Qu'ils sont donc imprévoyants, ces esprits prétendus positifs qui veulent composer la société sans ce qui est le lien social par excellence, sans cette force des sentiments généreux qu'Aristote désignait sous le nom d'amitié ! Vous, mes amis, que votre jeunesse inspire mieux, vous qui êtes décidés à bien remplir votre tâche, toute votre tâche, vous ne mentirez pas aux pensées qui vous seront venues d'ici. Travaillant vous-mêmes de toute votre énergie, vous saurez mériter l'estime et la confiance de ceux qui travaillent. Mais capables aussi par votre culture d'entrer dans l'universel concert des esprits, vous vous ferez de là instituteurs et propagateurs d'amitié sociale. Vous vous direz que ces idées d'harmonie et de beauté, qui sont devenues vôtres, ne sont pas vaines, appliquées à la société elle-même ; vous sentirez que le meilleur moyen de ne pas morceler l'être humain que vous êtes, c'est de vous vouer tout entiers aux œuvres mêmes les plus modestes, dès qu'elles vous réclament. « Quel est le but de l'homme ? écrivait en pensant à vous le grand historien dont votre Lycée porte le nom. *D'être homme*, au vrai et au complet, de dégager de lui tout ce qui est dans la nature humaine. Quelle voie et quel moyen pour cela ? l'*action*. » Suivant cette parole, c'est par l'action que vous voudrez conquérir votre titre d'hommes ; et, répondant à ce dessein, votre action sera pleine et comme débordante d'humanité.

Voilà l'espoir que nous avons pour vous et qu'il nous plaît d'exprimer hautement en un jour comme celui-ci, où vos parents s'unissent à vos maîtres pour reconnaître vos efforts et applaudir à vos succès. Il est si naturel que nous désirions imaginer ce que ces efforts promettent et ce que ces succès annoncent ! Nous savons si bien que tant de choses dépendent de vous, qui nous intéressent et nous passionnent jusqu'au plus profond de notre être ! Il faut assurément pardonner à tous ces hommes graves qui se sont si volontiers penchés sur la jeunesse pour ausculter les moindres battements de son cœur, qui avec une impatience quelque peu naïve ont voulu deviner dans le présent qu'elle est l'avenir qu'elle sera, qui se sont faits prophètes à propos d'elle. Nous qui entretenons avec vous un commerce de tous les jours, nous éprouvons bien que vous avez sur nos pensées une puissance singulière d'attraction et que vous êtes pour notre curiosité un objet dont elle n'est jamais lasse. Est-ce parce que l'indécision de votre âge et la mobilité de votre caractère nous permettent d'incarner en vous, à notre choix, nos rêves préférés ? Est-ce parce que nous vous chargeons inconsciemment de recueillir les fruits dont nous nous figurons avoir déposé en vous les germes ? Toujours est-il que nous n'avons jamais une meilleure conscience de nous-mêmes que lorsque nous nous sentons en communication avec vous. Le rapsode Ion avait pour privilège d'être possédé d'Homère et de pouvoir sans fin redire et commenter ses chants ; si l'on faisait mention devant lui de quelque autre poëte, son esprit ne lui fournissait rien et sa langue était paralysée ; mais toutes les fois qu'Homère lui était cité ou simplement suggéré, son âme s'éveillait et se mettait d'elle-même en mouvement, et les paroles lui venaient en abondance. A nous aussi, comme au rapsode Ion, bien souvent il arrive, devant le mystère des choses et l'étrangeté des événements, de rester interdits et comme muets ; mais nous avons en vous notre Homère. Qu'il s'agisse de vous, de vos ambitions et de vos espérances, de ce que vous promettez d'être et de ce que vous êtes dignes de faire : oh ! comme nous sentons alors que nous sommes possédés de vous et que vous êtes les vrais inspirateurs de nos rapsodies ; notre âme s'éveille et se met en mouvement, notre langue se délie, et les paroles nous viennent en abondance.



VERSAILLES. — IMPRIMERIE CERF ET Cie, RUE DUPLESSIS, 59.

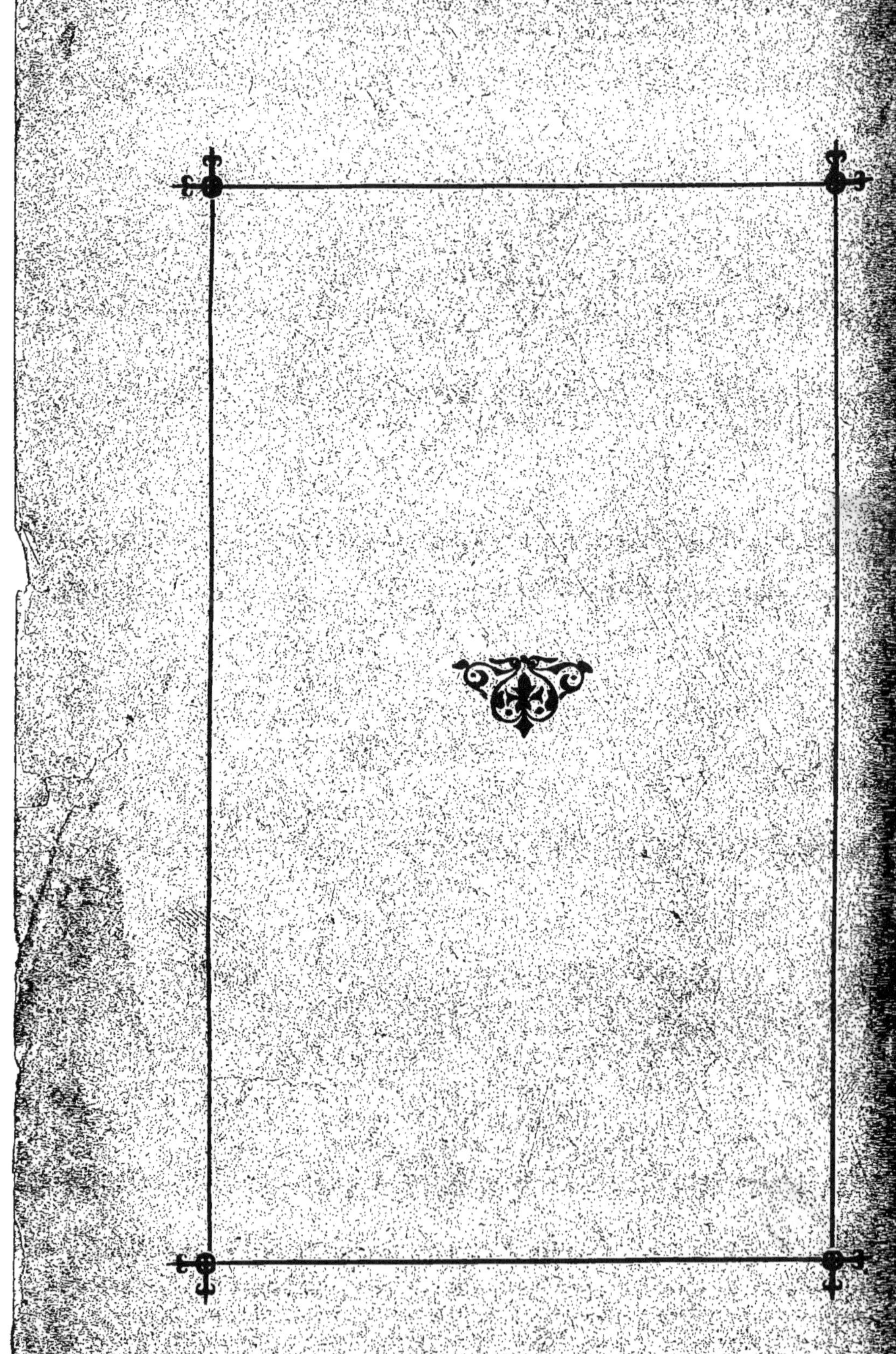

www.ingramcontent.com/pod-product-compliance
Lightning Source LLC
LaVergne TN
LVHW010335230826
846091LV00009B/3878

*9782019916985*